めんの本

有元葉子

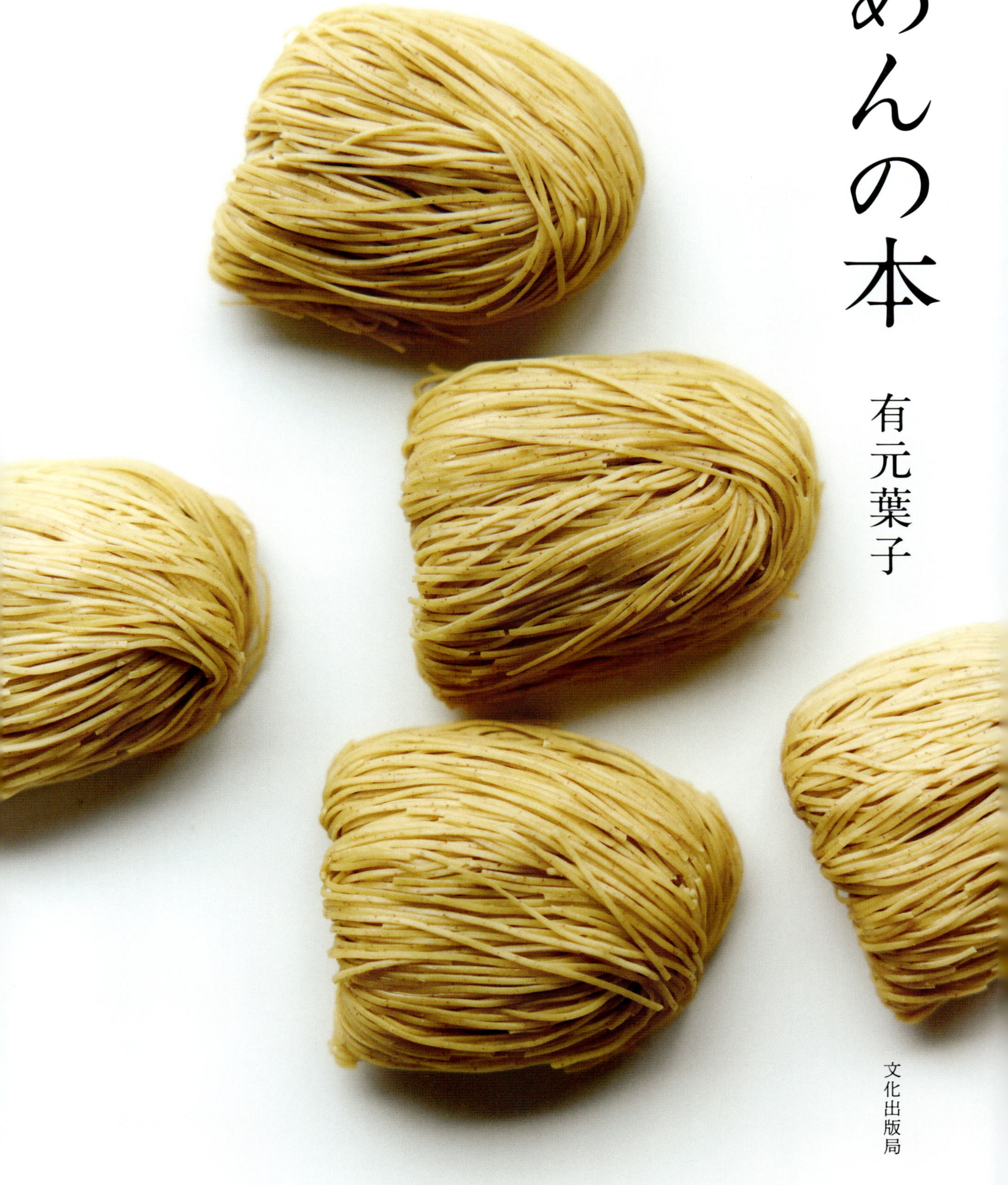

文化出版局

海外から帰ると、まず食べるのは温かいうどんです。うどんも、いりこ(煮干し)でとっただしも、冷凍庫にストックしてあります。だから疲れているときでも、すぐにうどんが食べられる。

いりこのだしを小鍋で温めて、塩をぱらり、しょうゆをほんの少し香りづけ程度に。これだけで、すごくおいしいおつゆができます。やさしくて力強いいりこだしは、シンプルな味つけで充分です。

具は、もうなんだっていいんです。おろししょうがだけでもいいし、梅干しを真ん中にのせただけでもいい。おいしいおつゆさえあればＯＫです。

ぷうんといい香りがして、のどを通り、からだの中を落ちていく熱いおつゆは、五臓六腑にしみわたるよう。家での、ほっとする瞬間です。

温かいものが食べたいかな、というときは、うどんを選びます。それが季節が変わって、だんだん暑くなってくると、太いうどんから、そばにそうめん、細いめんになってくる。

そばもそうめんも、水料理です。豊かな湯量で泳がせるようにゆでて、たっぷりの水で洗い、氷水でしめて。水が潤沢に使える国ならではの、すばらしい食文化です。

町中華のようなあんかけそばも、サラダのようなあえめんも、好きでよく作ります。ベトナムで出合って、自分流に楽しんでいるめんもあります。

家庭のめんは、めんそのものを味わうのもよし、自分好みのつゆや具で食べるのもいいと思うのです。楽しく、自由に、わがままに。めんだから、許されることかもしれませんね。

目次

●この本の決まり
本書で使用している計量カップは200mℓ、計量スプーンの大さじ1＝15mℓ、小さじ1＝5mℓです。

オリーブオイルはエキストラバージンオリーブオイルを使います。

メープルシロップはゴールデンを使います。

そば

夏に信州を車で走ると、白いかわいらしい花を咲かせたそばの畑があちらこちらに広がっていて、そばを身近な農作物に感じます。信州にとても好きなおそば屋さんがあり、打ちたてのおそばの香りのよさ、のどごしのよさは格別です。今は乾めんや生めんにも、おいしいものがたくさんあるのでしょうけれど、私の場合は「食べたいときにすぐ食べられる」ことが優先で、ふだんは行きつけのスーパーマーケットで買える乾めんや生めんを特に銘柄も決めずに、目についたものを使っています。それでも、たっぷりのお湯を沸かし、めんを泳がせるようにゆでて、冷水にとってしっかり冷ます。しっかりと水気をきる。こうしてちゃんとゆでれば、たいていのそばはおいしくいただける気がします。

めんつゆ

もちろん、めんつゆは自家製です。それもわりと最近にレシピを変えました。きっかけは信州の道の駅の食堂で、まいたけそばを食べたこと。採れたての大きなまいたけのかき揚げが、どんとひとつのっている温かいおそば。かみしめると、じゅわっときのこの滋味が口に広がる秋の山の恵みをいただきながら、「こういう力強い味には、うちのめんつゆでは物足りない」と思いました。長年、めんつゆは昆布とかつお節としょうゆとみりんで作っていましたが、どうも自分でもいまひとつ満足できていなかった。それで、昆布、いりこ（煮干し）、かつお節の厚削りを使ってめんつゆを作ってみたら……そう、この味！　めんつゆが深い味わいになったのです。これなら、と納得できるレシピです。

◉横おたま
めんつゆやだしを注ぎやすい「横おたま」。片端がとがっているので、少量のつゆを具の上にかけたいときにも具合がよく、めんつゆを保存瓶などに移すときもじょうごなしでOK（ラバーゼ）。

材料（作りやすい分量）
だし昆布　7〜8㎝
厚削り　50g
いりこ　50g
A
水　1ℓ
しょうゆ　250㎖
みりん　250㎖
水　200〜250㎖

おいしいのでみなさんに作っていただきたくて、愛用する昆布、いりこ、かつお節の厚削り、しょうゆの「めんつゆキット」（レシピつき）を作り、スタジオでお分けすることも。

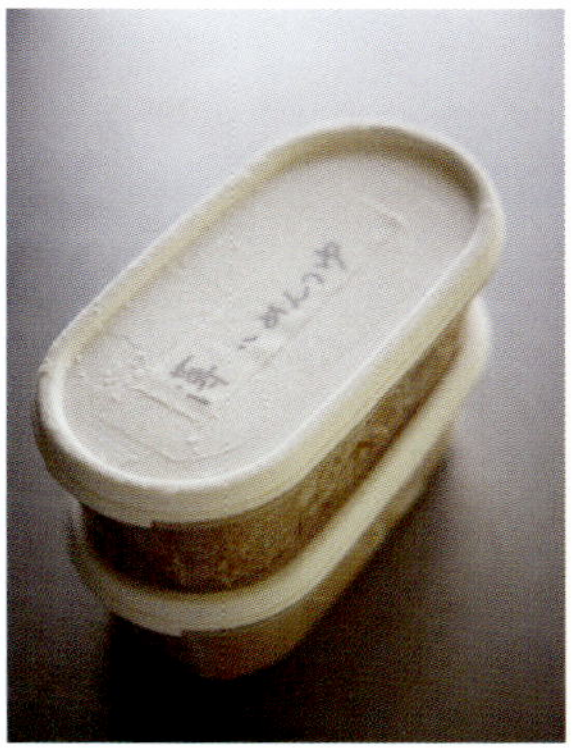
めんつゆはだしで割れば温かいかけつゆになります。私はめんつゆで牛肉やきのこをさっと煮たりも。煮詰める時間を短くして、少し薄めのめんつゆを作って冷凍しておくと、いつでも煮物が作れて便利です。

① いりこは背から二つに開き、黒いはらわたを取り除く。
② だし昆布、厚削り、いりこ、Aを鍋に入れる。このときの水かさ（鍋底からの高さ）をだいたいでよいので覚えておく。
③ ②に水を200㎖以上加える。
④ 弱めの中火にかける。煮立てないようにしながら、②の深さになるまで煮詰める。風味が充分に出てきたら味をみて、塩味が足りなければしょうゆを加えてもよい。
● 好みの味があれば、②で水かさを測らなくても、味見をして好みの濃さに煮詰めればよい。
⑤ 大ボウルに浅ざるをのせ、固く絞ったさらしをのせる。だしをこし、さらしの四方をざるの上に上げる。
● そのままにしておくと、せっかくのめんつゆがさらしを伝ってたれてしまうので、さらしを上に上げておくことが大事。
⑥ だしがらを取り除き、めんつゆの熱が取れたらステンレスのボウルに移し、ステンレスのふたをして冷蔵庫で冷やす。
● すぐに使わない分は、熱が取れた段階で空き瓶などに小分けにして冷凍しておくとよい。

まいたけ天ぷらそば

山から採ってきたばかりのまいたけで作れば、それはもう最高。そうでなくても、まいたけを大きく裂いて揚げることで、きのこのジューシーさが味わえます。「里山の近くの田舎そば」のイメージですから、乾めんも少し黒っぽいそばを選ぶといいです。

材料（2人分）
そば　2人分
めんつゆ　400㎖ぐらい
まいたけ（大きな株）　1株
〈衣〉
薄力粉　2/3カップ
ベーキングパウダー　少々
溶き卵　少々
氷水　100㎖ぐらい
揚げ油（太白ごま油）　適量
ゆず、七味唐辛子　各適宜

① ボウルに薄力粉、ベーキングパウダー、溶き卵、氷水を入れて、箸の太い側で軽く混ぜる。だまが残っている状態でよい。
● 天ぷら衣は小麦粉のグルテンが出すぎないように、あまりかき混ぜないのがコツ。そのほうがさくさくとした仕上がりになる。天ぷら用の箸の先が太い側を使って、粉と水分をさっくりと軽く合わせる感覚。

② まいたけは根元にだけ浅く切り目を入れて、手で薄く大きく裂く。
● 面は大きく厚みは薄くすると、揚げるのに時間がかからず、見た目にも美しい。

③ 揚げ鍋の深さの半分程度まで油を入れ、中温に熱する。まいたけに①の衣をつけて油に入れ、あまりぐつぐつといわない火加減で、ゆっくりと時間をかけて揚げる。表面が固まったら途中で2～3回返しながら揚げ、全体においしそうな色がつくまで揚げて、バットに重ねた角ざるに移して油をきる。

④ たっぷりの湯でそばをゆで、冷水にとってしめる。水気をきり、器によそって、温かいめんつゆを少量注ぐ。

⑤ まいたけの天ぷらをのせる。好みでゆずを搾ったり、七味をかけていただく。

日本の秋の田舎そば。
濃いめのめんつゆを少しつけて、
まいたけの天ぷらと一緒に。

きのこそば

秋が来ると必ず作る、とても好きなお料理です。きのこはなんでもいいんです。何種類かを取り混ぜて、とにかくたっぷりと。鍋からはみ出るほどたっぷりでも、きのこは煮るとかさが減って「あら、これだけ？」という量になってしまいます。かさが減る＝うまみを含んだきのこの水分がおつゆに出る、ということですから、とにかくたっぷりがいい。あれば青ゆずの皮をすりおろすと、ふわりと涼しい香りでいっそう美味。

材料（3人分）

そば　3人分
しめじ、えのきだけ、生しいたけ、エリンギ　各1パックぐらい
★きのこはなんでも。ふだん使い慣れないきのこも試すチャンス
めんつゆ（9ページ）　500mℓ
あるいはA

A
- かつお節のだし（50ページ）　適量
- 酒　大さじ1と½
- みりん　少々
- しょうゆ　大さじ1と½
- 塩　適量

七味唐辛子　適宜

① しめじ、えのきだけは石づきを取ってほぐす。生しいたけは石づきを取って、かさに少し切り目を入れ、食べやすい大きさに軸ごと手で裂く。エリンギもかさに切り目を入れて、食べやすい大きさに軸ごと手で裂く。

●きのこはなるべく刃物を使わず、手で裂いたほうがおいしい。できあがりの姿に表情も出る。

② 鍋に①を入れ、めんつゆかAを加える。Aを使う場合は、酒、みりん、しょうゆ、塩を味見をしながら加える。

●だしを使う場合は、お吸い物よりも少し濃いめの味加減で。甘くはしたくないので、みりんはほんの少しだけ加える。しょうゆは香りづけ。塩分は塩でととのえる。

③ ふたをして火にかけ、沸いてきたらやさしい火加減にして、きのこがしんなりするまで煮る。味をみて、足りなければ調味料を補う。

④ たっぷりの湯でそばをゆで、冷水でしめて水気をきり、ざるに上げる。

⑤ ③を大鉢に汁ごとよそう。各人でそばを小鉢に入れ、きのこと汁をかけていただく。好みで七味唐辛子をふる。

きのこのうまみが
たっぷり出たおつゆでいただく
おそばは最高です。

大かき揚げとおそば

どうして、えびと三つ葉の大かき揚げを作るようになったのか……覚えていません。でも子どもたちが小さい頃からずっと、うちではおせち料理を作り終えたら、このおそばをみんなでいただいて、年を越すのが決まりです。どんぶりの口いっぱいの大きなかき揚げは、それだけで特別感があって、大晦日の気分。おたまにたねを入れ、おたまごと油に沈めてゆっくりと揚げます。

材料（4人分）

そば　4人分
小えび　300〜350g
三つ葉　3〜4束
薄力粉　大さじ6
〈衣〉
薄力粉　1カップ弱
卵　1個
氷水　130mℓ
揚げ油（太白ごま油）　適量
めんつゆ　4杯分
ゆず　適宜

① 小えびは背わたを抜き、殻をむく。三つ葉は3〜4cm長さに切る。

② 卵をボウルに割りほぐし、氷水を加えてから、衣用の薄力粉をふるい入れ、さっくりと混ぜる。

●ゆるめの天ぷら衣を作る。

③ ①の小えびと三つ葉を¼量ずつ小さなボウルに入れる。それぞれに薄力粉を大さじ1と½ずつふり入れて、軽く混ぜる。ここに②の衣を大さじ3ぐらいずつ加え、全体がまとまる程度に混ぜる。

●衣は具材をくっつける糊の役目。なんとなくつながっている程度に衣を加えるのがよい。あまり衣を入れすぎると火の通りが悪くなり、食感もふかふかしてよくない。かき揚げは衣をまぶした状態で、ボウルのままふたをして冷蔵庫に入れておいてもよい。こうするとたねが冷えて、上手に揚げることができる。

④ 揚げ鍋の深さの半分程度に油を注ぎ、中温に熱する。③のたねを大きなおたまに移し、菜箸で形を整えて、おたまごと油の中に沈める。たねが油の中で固まりはじめたら、菜箸でたねをおたまからすべらせるようにして油の中にすべて入れ、おたまを抜き取る。ある程度たねが固まってきたら、真ん中に箸を入れて油が中のほうまで入るようにしながら、中温で時間をかけてゆっくり揚げる。

⑤ たっぷりの湯でそばをゆでる。冷水にとってしめ、水気をきり、器に盛っておく。めんつゆは温める。

⑥ かき揚げがきつね色に色づいて、表面を箸で軽くたたくと乾いた音がするようになったら、裏に返して、全体においしそうな色がつくまで揚げる。バットに重ねた角ざるに上げて油をきる。

⑦ ⑤の器にかき揚げをのせ、めんつゆをはる。好みでへぎ柚子を天盛りにする。

えびと三つ葉の大きなかき揚げ。
うちの年越しそばの定番です。

残り野菜のかき揚げとおそば

野菜はなんでもいいのです。玉ねぎ、長ねぎ、じゃがいも、にんじん、セロリの葉、ごぼう、れんこん、かぼちゃ、さつまいも、アスパラガス、しいたけ……。はんぱに残っている野菜がいくつかあったら、なんとなく形をそろえて切り、小麦粉をまぶして揚げてかき揚げにします。これは実家の母がよくやっていたことで、かき揚げにすると、どんな野菜もおいしく食べられるのです。多めに揚げて冷凍しておけば、めんつゆの冷凍ストックもたいていありますから、ひとりのお昼にかき揚げそばやうどんがすぐに食べられる。かき揚げの作り方を知っておくと便利です。

材料

そば、めんつゆ　各適量

〈かき揚げ〉

じゃがいも、にんじん、玉ねぎ、セロリの葉　各適量

★18ページに材料写真あり

青海苔　適量

薄力粉、水、揚げ油（太白ごま油）各適量

① じゃがいもは皮をむき、薄切りにする。にんじんは皮つきのまま、食べやすく薄切りにする。玉ねぎは薄切りに。セロリの葉は食べやすく切る。以上を小ボウルに入れて、青海苔を加える。

② ①に薄力粉をまずは大さじ1〜2ふる。すべての具材の裏表に粉がしっかりまぶされるように混ぜる。粉が足りなければ足して混ぜる。

③ ②に水を少々加えて混ぜる。

● 衣というよりも、薄力粉＋水で糊になるように。具材どうしが「ようやくくっついている」程度の糊をまぶすと、かりっと香ばしいかき揚げになる。水が多すぎたら薄力粉を足して調節する。

● 時間があるときは、この状態でふたをして冷蔵庫に入れておくと、たねが冷たくなって、揚げたときにいっそうぱりっと仕上がる。

④ 揚げ鍋の深さの半分まで油を注ぎ、火にかける。具材のかけらを落としたときに、ちょっと泡が立つ程度の温度に熱する。

● かき揚げは高温ではなく、低めの温度でじっくり揚げる。

⑤ ③のたねを大きなへらなどに移し、菜箸で形を整えて、油の中に静かにすべらせるようにして入れる。最初は触らずにしばらく見ていて、表面が乾いた感じになってきたら、菜箸で軽くたたいてみる。かちかちと音がして、乾いた感触が手に伝わってきたら返して揚げる。全体がおいしそうな色に揚がったら、バットに重ねた角ざるに斜めに立てておく。

● 揚げ物は立てておくと、油ぎれがよい。

⑥ たっぷりの湯でそばをゆで、冷水にとってしめ、水気をきってざるに上げる。かき揚げを添えて、めんつゆ（冷たくても温かくてもお好みで）でいただく。

野菜がはんぱに残っていたら、
迷わず、かき揚げを作ります。
かき揚げがあれば、
おそばがおいしく食べられるから。

一年中のかき揚げ

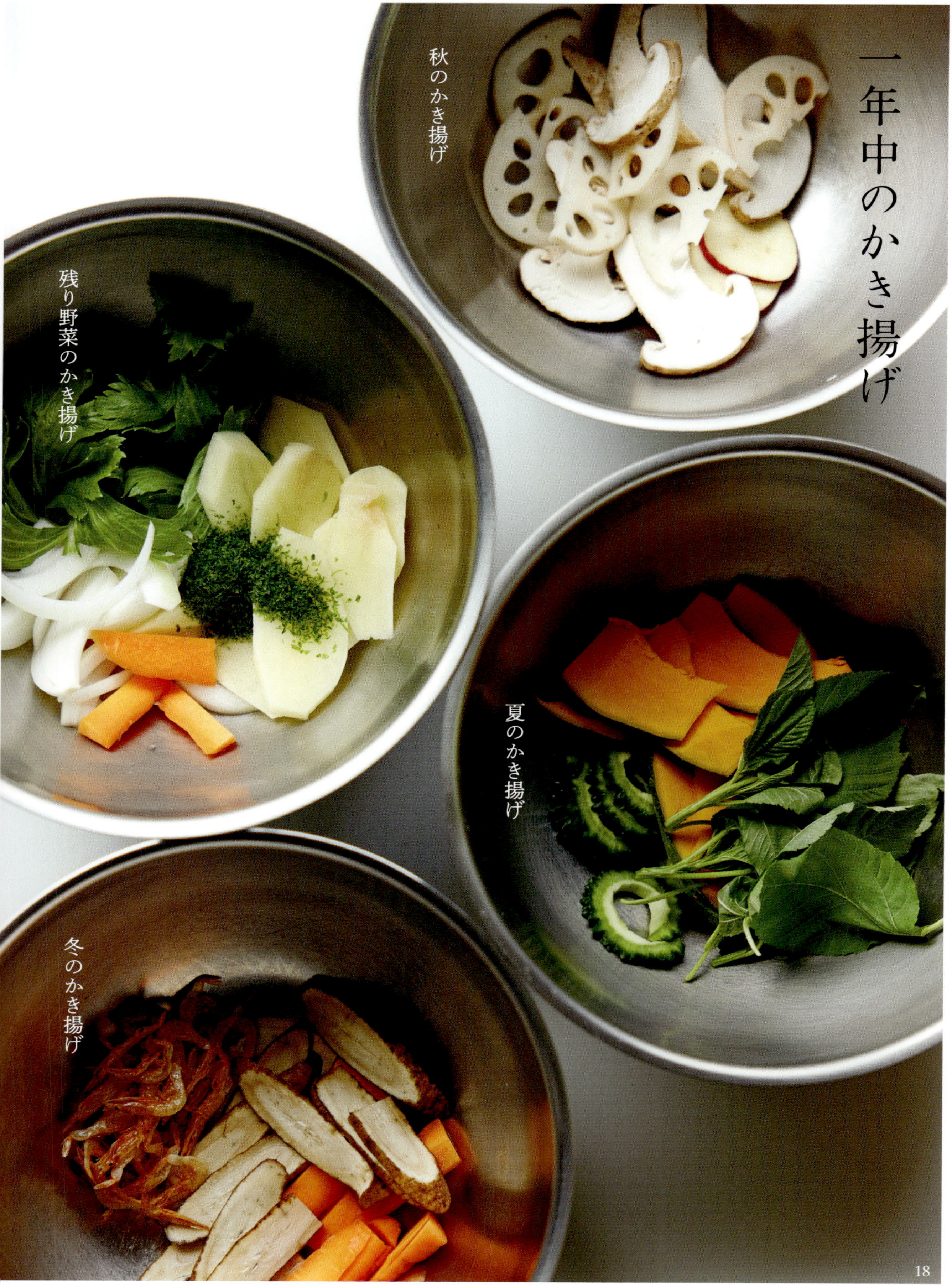
秋のかき揚げ
残り野菜のかき揚げ
夏のかき揚げ
冬のかき揚げ

組み合わせは自由。季節の野菜どうしを合わせれば、旬が感じられるかき揚げに。コツがいくつかあります。①火が通りやすいように野菜を薄めに切る。②皮がついていても食べられる野菜は、皮つきのまま揚げたほうがおいしい。③なるべく大きさや形をそろえて切ると、揚げたときにかっこがいい。④香りのよい青海苔や、桜えびやじゃこなどのたんぱく質のものを野菜と組み合わせると、よりうまみが出る。かき揚げの作り方は16ページで紹介したとおり。どんな具材も作り方は一緒です。

夏のかき揚げ

かぼちゃは皮つきで。ゴーヤは種とわたを取り、ごく薄く切って。モロヘイヤもかき揚げにすると美味。粘り気が苦手な私は、モロヘイヤはかき揚げでしか食べないぐらい。

秋のかき揚げ

れんこん、さつまいもは皮つきのまま薄切りに。香ばしくて本当においしい。

冬のかき揚げ

ごぼうは皮つきのまま、斜め薄切りに。にんじんは皮つきのまま、ごぼうと大きさをそろえた薄切りにします。桜えびはどんな野菜にも合うオールマイティな具材で、かき揚げにもってこい。

残り野菜のかき揚げ

捨ててしまいがちなセロリの葉っぱも、かき揚げにぴったり。きれいな緑で、色のアクセントにもなります。

野菜の種類によって、季節のかき揚げを楽しめます。

納豆おろし辛みそば

納豆＋大根おろし＋ねぎの組み合わせで、からだをしゃきっと元気にしてくれるおそば。さっぱりといただけて、暑い日のお昼ごはんにうってつけです。めんつゆでもいいのですが、おいしいしょうゆだけで、きりっとした味で食べるのが私の好み。長ねぎがいまひとつの季節には、九条ねぎがおすすめです。

材料（1人分）
そば　1人分
納豆（小粒）　小1パック
大根おろし　1カップ
九条ねぎ　適量
しょうゆ　適量

① 九条ねぎは小口に切り、さらしで包んで水にさらし、軽くあくを取る。さらしをぎゅっと絞って水気をきる。
② 大根はおろし金でおろし、①の九条ねぎとあえて、ざるにのせて水気をきる。
● 大根おろしは水気を絞りすぎても、絞らなすぎてもおいしくない。小ボウルに浅ざるや小ざるを重ね、この上に大根おろしをのせておくと、ほどよく水分がきれる。
③ 納豆をよくかき混ぜておく。
④ たっぷりの湯でそばをゆで、冷水にとってしめ、水気をきって器に盛る。納豆、大根おろしをのせて、しょうゆをかける。よく混ぜていただく。

● そばざる
根曲がり竹（写真奥）や、またたび（手前）で編まれる、昔ながらのそばざる。水気をきると同時に、野趣に富むそばをおいしく見せる器でもある。

大好きな組み合わせ。
これは生じょうゆで食べるのが
おいしい。

山かけそば

粘り気があって、強さのある山芋がとろろにはおいしい。水っぽい筒形の長芋ではなくて、てのひらや扇のような形の大和芋を使います。もしも手に入れば、「山の芋」というごつごつとした形の芋は格別です。中でも丹波山の「山の芋」は絶品で、私も取り寄せて楽しむことがあります。山芋はすりおろしてボウルに入れたら、ボウルの中でそばにのせる量を箸で切るようにしてすくい取るのがコツ。こうしないと、なかなか切れないのです。あまりに粘りが強いときは、おだしでのばして使います。

材料（2人分）
そば　2人分
山の芋（あるいは大和芋）　200〜250g
わさび　適量
錦糸海苔（市販品。または焼き海苔を細く切っても）　適量
しょうゆ　適量

① 山の芋は皮をむき、薄い酢水（水3カップに対して酢大さじ2が目安）に20分ほどつけて、あくを抜く。水気を拭き取り、おろし金ですりおろしてボウルに入れる。
② わさびは皮をむき、おろし金の目の細かいわさび用の面でおろす。
● わさびのおろし方について詳しくは25ページを参照。
③ たっぷりの湯でそばをゆで、水でしめて水気をよくきる。
④ 器にそばを盛る。山の芋をボウルの中で大きく丸く箸で切り、そばの上にのせる。わさびをのせる。
⑤ 海苔をのせ、しょうゆをかけていただく。

白くなめらかな山芋を、
そばと同量ぐらいたぷんとのせて。
海苔の香りと生じょうゆで
きりっといただきます。

オリーブオイル、粗塩、
わさび。材料はこれだけ。
口の中に広がる香りのよさ、
とびきりの美味。

オリーブオイルで食べるそば

「おそばをオリーブオイルで食べる?」と驚かれるかもしれませんが、これがとてもよく合うのです。あまり白すぎない、少し黒っぽいおそばがいいです。歯ごたえよくゆでて、しっかり水気をきり、オリーブオイルをかけて、粗塩をふるだけ。もちろん、オリーブオイルはおいしいものに限ります。わさびもていねいにすりおろします。おなかを満たすというよりも、少量を味わう感覚で。酒の肴にもなるおそばです。

材料（2人分）
そば　1人分
わさび　適量
粗塩（フルール・ド・セルなど）　適量
オリーブオイル　適量

① たっぷりの湯でそばをゆで、冷水にとってしめ、水気をしっかりきって器に盛る。1人分の量を器二つに分けて盛る。

② わさびは細くなった根の先端ではなく、茎のほうからすりおろす。茎のついている部分を、包丁の刃先をねかせて鉛筆を削るようにそぎ落とす。根はすりおろす部分だけ、鉛筆を削るようにごく薄く皮をむく。

③ おろし金の目の細かいわさび用の面に、わさびを直角に当てて、くるくると円を描きながら、小さく泡立てるような気持ちでゆっくりする。

● わさびは力を入れずに、静かにゆっくりする。すし職人になった気持ちで。急いでするとおいしくできない。

● 空気に触れている間に香りが飛んでしまうので、できるだけ食べる直前にするのがよい。すったわさびの使わない分は、なるべく早く小分けにしてラップでしっかり包み、冷凍保存する。

④ ①のそばにわさびをのせ、粗塩をふる。オリーブオイルをかける。

うどん

本当においしいうどんが食べたかったら……自分で打つしかないと思うのです。うどんをよく食べる地方は昔から、小麦粉と水でまとめた生地をおばあさんたちが足踏みするように踏んで、家でうどんを打っていました。包丁で手切りしたうどんは太さがまちまちで、そこがまたおいしかったりして。打ちたて、できたてのうどんはそれだけでご馳走だったことでしょう。現代の私たちには、うどんはもっと気軽な食べ物。日常の中でほっとしたいようなときに食べたくなりませんか？ うちでは、ゆでうどんの冷凍や半生うどんなどを常備しています。なるべく国産の小麦粉使用のものを選んで。太めのめんといりこのおだしの組み合わせが、私はとても好きです。

ふだんはいりこだけですが、
だし昆布を加えて水出しにすることも。
さらに深みのある
おいしいだしになります。

いりこのつゆ

関東の生まれ育ちで、うどんのおつゆは昆布やかつおのだしで作るものと長年思っていました。ところが、もう数十年前ですが、讃岐を旅して、いりこだしのおいしさにすっかり開眼。以来ずっと「うどんにはいりこだしのおつゆでなきゃ」と言い続けています。いりこはきれいな銀色で、なるべくまっすぐな形の品質のよいものを使います。黄色っぽくなっているのは酸化が始まっているので、買うときに慎重に。いりこだしをとるのは簡単。いりこ150gを2ℓの水につけて一晩おくだけです。翌日、スプーンですくって味見をしてみてください。まず感じるのは自然な甘みです。そこに奥深い上品なうまみが出ていて、水出しのいりこだしは本当に美味。魚くささはみじんもありません。小分けにして冷凍し、私はみそ汁もいりこだしです。ちなみに上質ないりこは、煮出してもおいしいです。

新鮮ないりこなら、
うまみの出る頭も使います。
私が愛用しているのは香川の
「やまくに」のいりこ。
瀬戸内海伊吹島産の上質な
片口いわしです。

材料（作りやすい分量）
〈いりこのだし〉
—いりこ　120〜150g
—水　2ℓ
塩、しょうゆ　各適量

① いりこは背中から半分に割り、黒いはらわたを取り除く。
● 背中から割ると、細い骨などが指に刺さることもない。
② ①のいりこをボウルに入れて、水を注ぎ、冷蔵庫に一晩おく。
③ ボウルに浅ざるをのせ、②をこして、さらしの四方をざるの上に上げる。
④ だしがらを取り除き、使う分だけ鍋に移して温める。
● 使わない分は小分けにして冷凍保存する。
⑤ しょうゆ少々を風味づけにしたら、塩で味をつける。

きざみうどん

関西でよく食べられるきざみうどん。油揚げを開いて細く切り、おつゆでさっと煮ていただきます。きつねうどんと違うのは、揚げを煮ていないこと。うどんに味のつかない油揚げと小口に切った白ねぎをのせて、いりこだしのおつゆをたっぷりはって。シンプルで、見た目どおりのやさしいおいしさです。

材料（2人分）
うどん（冷凍ゆでうどん）　2玉
いりこのだし　3カップ
塩、しょうゆ　各適量
油揚げ　2枚
長ねぎの白い部分　1本分

① 油揚げは熱湯に箸で沈ませながら6〜7秒ゆで、ざるに上げて水気をきる。粗熱が取れたら三方の端を切って1枚に開き、半分に切って重ね、端から細切りにする。ペーパータオルにのせて水気をよくきる。
② 長ねぎは小口に切って氷水に放ち、しゃきっとしたら、ざるに上げて水気をきる。
③ 鍋にだしを入れて温め、塩としょうゆでごく薄めに味つけする。
④ たっぷりの湯でうどんを温めてほぐし、ざるに上げてゆで湯をきる。
⑤ 器にうどんを入れ、上に油揚げをのせて、汁をたっぷりはる。長ねぎをのせる。

細く切った油揚げのふわふわの食感。
ねぎはきりりっと引き締め役。
おつゆたっぷりで召し上がれ。

甘辛お揚げのうどん

油揚げとねぎで、きざみうどん（30ページ）と材料はほとんど同じ。それなのに、まったく違うおいしさというのが、日本の食のすばらしさ。お揚げはめんつゆで煮ればよく、煮たものを細切りにして具にしても。煮た油揚げも冷凍できますから、いりこのだしの冷凍があれば、いつでも、このおうどんが食べられるというわけです。

材料（2人分）
うどん（冷凍ゆでうどん）　2玉
いりこのだし　3カップ
塩、しょうゆ　各適量
油揚げ　4枚／作りやすい分量
—めんつゆ（8ページ）　適量
—メープルシロップ（またはみりん）　適量
青ねぎ（長ねぎの青いところ、九条ねぎなど）　適量
七味唐辛子　適宜

① 油揚げは熱湯に箸で沈ませながら6～7秒ゆで、ざるに上げて水気をきる。粗熱が取れたら長辺を半分に切る。

●油揚げを下ゆでして油抜きすることで、煮たときに味がしみやすくなる。

② ①の油揚げを鍋に放射状に並べる。かぶるぐらいのめんつゆを加えて、メープルシロップなどで好みの甘さをつけ、落としぶたをして弱めの火でゆっくりと煮る。冷めたら斜め半分に切って三角形にする。

●煮汁が少し残る程度で火を止めて、鍋に入れたまま冷ます。冷める間に油揚げが煮汁をすっかり吸うぐらいがよい。

③ 青ねぎは小口に切って氷水に放ち、しゃきっとしたら、ざるに上げて水気をきる。

④ 鍋にだしを入れて温め、塩としょうゆで薄めに味つけする。

⑤ たっぷりの湯でうどんを温めてほぐし、ざるに上げてゆで湯をきる。

⑥ 器にうどんを入れ、上に油揚げをのせて、つゆをたっぷりはる。青ねぎをのせ、好みで七味唐辛子をふっていただく。

甘辛味のお揚げのうどんは、
空気が冷たくなってくると恋しくなる味。
いりこのつゆと相性ばっちり。

梅干しと海藻のうどん

梅干しの酸味と海藻のうまみが移ったおつゆは、まさにからだにしみ入るおいしさ。うどんの上にのせた梅干しに、あつあつのつゆをかけるようにして注ぐと、梅干しの味が汁に出やすくなります。そのあとでわかめなどを添えれば、うどんの白、梅干しの赤、わかめの緑がさえて見た目もきれい。おいしく作るポイントは、梅干しの塩気を考慮して、おつゆを塩としょうゆで薄めに仕立てること。冷凍のいりこだし、冷凍ゆでうどんや半生うどん、梅干し、塩蔵わかめやおぼろ昆布など、常備してある材料で作れるのに、目にもおいしいこの滋味は本当にありがたいものです。

いりこだしのおつゆ、梅干し、
わかめやおぼろ昆布、
この組み合わせは格別です。

梅干しとおぼろ昆布のうどん

材料（1人分）
うどん（生うどん、半生うどん、冷凍ゆでうどんなど）　1玉
梅干し　大1個
おぼろ昆布　適量
いりこのだし　1と½カップ
塩、しょうゆ　各適量

① うどんは表示どおりにゆでたり温めたりして、ざるに上げる。
② いりこだしを小鍋に温め、塩、しょうゆで薄めに調味する。
③ 器にうどんを入れ、梅干しをのせる。あつあつのつゆを梅干しの上からかけて、軽くほぐしたおぼろ昆布をのせる。

梅干しとわかめのうどん

材料（1人分）
うどん（生うどん、半生うどん、冷凍ゆでうどんなど）　1玉
梅干し　大1個
塩蔵わかめ　適量
いりこのだし　1と½カップ
塩、しょうゆ　各適量

① 塩蔵わかめは水につけてもどし、食べやすく切って、ボウルに重ねたざるに移す。
② うどんは表示どおりにゆでたり温めたりして、ざるに上げる。
③ いりこだしを小鍋に温め、塩、しょうゆで薄めに調味する。
④ 器にうどんを入れ、梅干しをのせる。あつあつのつゆを梅干しの上からかける（つゆを少し残しておく）。鍋に残っているつゆをおたまですくい、①のわかめにかけて軽く温め、うどんの上にのせる。

卵とじうどん

卵とじをやわらかく、ふわふわに仕上げるには……水溶き片栗粉を使うのです。水溶き片栗粉を薄めに作り、味つけしたつゆに少し入れて、よく混ぜる。さらに少し加えて、よく混ぜる。入っているかいないかわからないぐらいに、食べたときに「ほんの少しだけとろみがあるかな？」と感じるか感じないか程度に入れるのがコツです。こうして、ごく薄くとろみをつけたつゆの煮立っているところへ、卵を少しずつ流し入れる。やってみてください。きっといい塩梅にできます。

材料（2人分）

うどん（生うどん、半生うどん、冷凍ゆでうどんなど）　2玉
いりこのだし　3カップ
塩、しょうゆ　各適量
卵　3個
〈水溶き片栗粉〉
―片栗粉　大さじ1と½
―水　½カップ
青ねぎ　適量

① 片栗粉を分量の水で溶き、水溶き片栗粉を作っておく。青ねぎは小口切りにして水にさらし、水気をきる。卵はボウルに割り入れ、箸を左右上下にすばやく動かしてこしを切っておく。

② うどんは表示どおりにゆでたり温めたりして、ざるに上げる。

●ゆでてから少し時間をおくときは、うどんを少量のゆで汁にひたしておくと、うどんが固まらない。

③ いりこだしを小鍋に温め、塩、しょうゆで調味する。

④ うどんを器に盛っておく。

⑤ ③のつゆが煮立った状態で、水溶き片栗粉を大さじ1ぐらい加えてよく混ぜる。水溶き片栗粉が全体になじみ、再びふつふつと沸いてきたら、水溶き片栗粉を大さじ1ぐらい加え、よく混ぜる。これをもう一度ぐらい繰り返して、食べたときにほんのわずかにとろみを感じる程度にする。水溶き片栗粉は、全部入れなくてよい。

⑥ 卵をもう一度よく溶いて、鍋中のつゆの煮立っているところへめがけて、細く流し入れる。卵を全部入れたら、しばらく触らずに卵に火が通るのを待つ。

●卵は一度に入れるとかたまりができてしまうので、何回かに分けて流し入れる。必ずつゆが煮立っている状態へ入れる。卵を入れてすぐにおたまや箸で触ってしまうと、卵が溶け出てつゆが濁るので、卵に火が通るまでは触らない。

⑦ うどんに⑥の卵とつゆをはり、青ねぎを添える。

ふわんと雲のように浮かんだ卵。
上手に作るには
小さな秘密があります。

ごまだれ冷やしうどん

ごまだれは家で作るに限ります。練りごまにめんつゆを加えて、ゆるめるだけだから簡単。ごまをとろんとよい加減にゆるめるには、めんつゆがけっこう入ります。だから、めんつゆがおいしくないと、おいしいごまだれは作れないわけで……。甘さや濃さを自分好みにした「うちのめんつゆ」が決め手になります。自分で作るからおいしい。ぜひ実感してください。

材料（2人分）

生うどん（こしの強いもの）　2玉
白練りごま　1/3カップぐらい
めんつゆ（8ページ）　2/3カップ強ぐらい
しょうゆ　適宜
きゅうり　1本
しそ　5〜6枚

① しそは縦半分に切り、重ねて端から繊維を断ち切るようにせん切りにする。冷水に放ち、水を2〜3回替えてあくを取り、さらしで包んで水気を絞る。

② きゅうりは斜め薄切りにして重ね、せん切りにする。

③ 練りごまをボウルに入れ、めんつゆを少しずつ加えてゆるめる。味をみながら、好みの濃さやゆるさになるように調節する。味が薄ければ、しょうゆ少々を加えてととのえる。

●ごまだれを味見してちょうどいいと感じる味よりも、めんつゆを少し多めに加えたほうが食べたときにおいしい。

④ たっぷりの湯でうどんを表示どおりにゆで、水でしめて、水気をしっかりきる。

⑤ 器にうどんを盛り、上にとろんとごまだれをかける。きゅうり、しそを添える。

冷水でしめたこしのあるうどん、
しみじみおいしいごまだれ。
家で食べる最高の夏の味。

肉みそ冷やしうどん

肉みそは、肉やみその種類を変えることで、ご飯に合ったり、めんに合ったりと様変わりします。うどんなら、赤みそで作る肉みそがおいしい。そして赤みそには牛肉が合います。こくがあって甘くない赤みその肉みそは、中国料理のニュアンスもあり、酢をかけて、さっぱりさせながら食べるのもおすすめです。

材料（2人分）

うどん（冷凍、乾めん、生めんのこしのあるもの）　2玉

〈肉みそ／作りやすい分量〉

牛ひき肉　200g

長ねぎのみじん切り　大さじ3

しょうがのみじん切り　大さじ3

赤みそ　大さじ2～3

みりん　大さじ1

酒　大さじ2

水　適量

太白ごま油　大さじ1

ごま油　大さじ1

きゅうり　1本

ピーマン　2個

長ねぎ　¼本

酢　適宜

① きゅうりは6～7cm長さの細切りにしておく。ピーマンは縦半分に切って、へたと種を取り除き、縦に細切りにする。長ねぎは細切りにして冷水に放っておく。

② 肉みそを作る。鍋を少しから焼きして温め、太白ごま油とごま油をひき、長ねぎ、しょうがを炒める。

●色と香りのない太白ごま油に、香りのある茶色のごま油を加えて風味をつける。

③ 香味野菜の香りが立ったら、牛ひき肉を入れて中火で炒める。

●ここでよく炒めることが大事。炒め方が足りないと肉くささが残ってしまう。肉から水分が出て、その水分が蒸発し、肉がかりっとしてくるまで、よく炒める。

④ 赤みそを加え、みりん、酒を加えて混ぜる。ひたひたになるぐらいに水を加え、みそがとろんとしてくるまで、ときおり混ぜながら煮る。

⑤ たっぷりの湯でうどんをゆで、よく湯きりをして器に盛る。上に肉みそをたっぷりかけて、きゅうり、ピーマン、水気をきった長ねぎを添える。好みで酢をかけていただく。

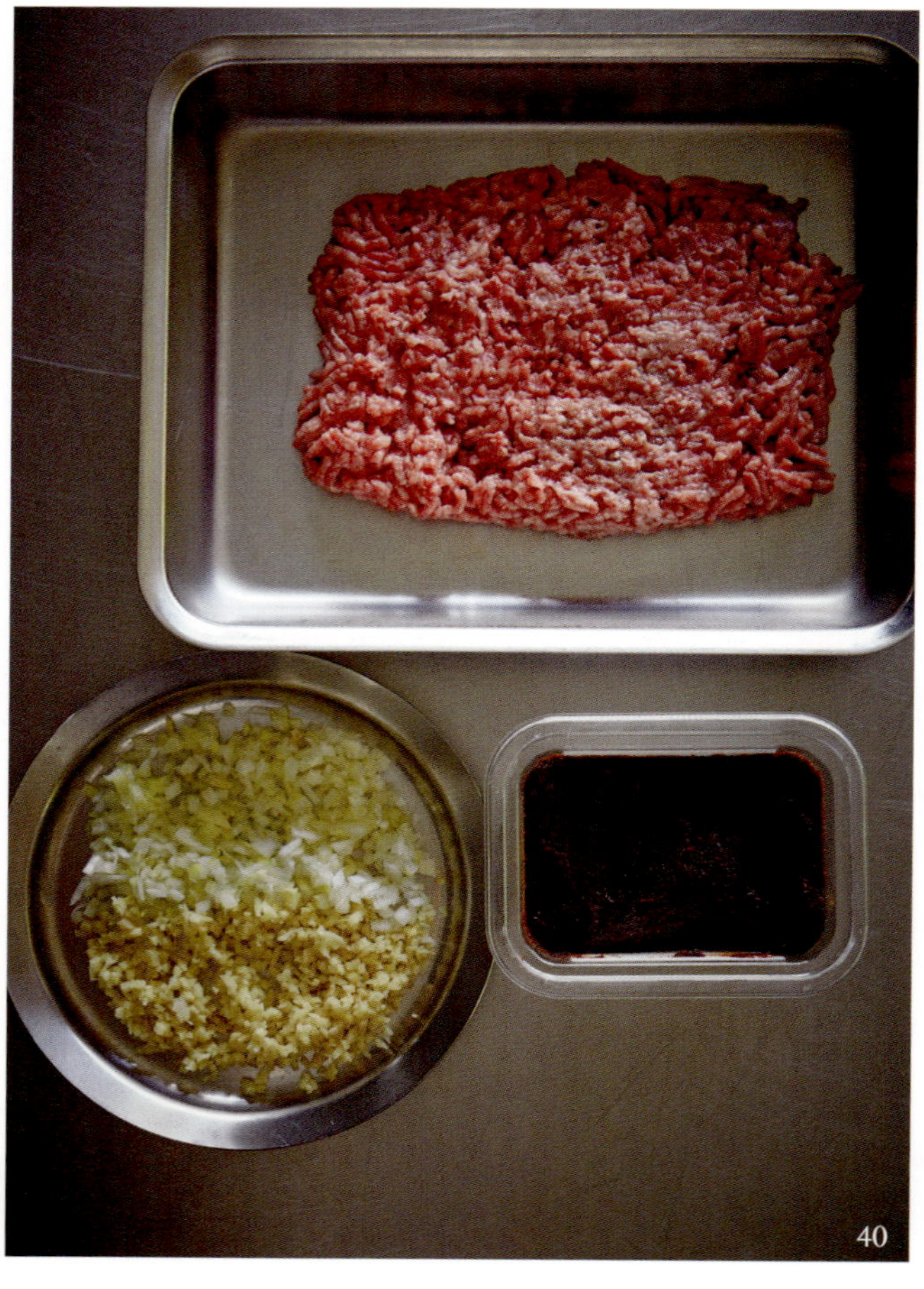

こくのある肉みそを、
太くてしっかりしたうどんにからめて。
酢を多めにかけて食べるのが
私は好きです。

そうめん

気温が上がってくると、そうめんのシーズンの到来です。不思議なもので、そうめんは冬には食べたくない。にゅうめんも冷房の効いた涼しい部屋の中で、温かいおつゆをすするのがおいしい気がします。「日本料理は水の料理」という言葉をいつかどこかで目にしました。そうめんこそ、その極み。大きな鍋で沸かした湯の中に、細い糸のようなそうめんを入れて、ぐらぐらと対流の起こる潤沢な湯の中でゆでる。流水でしゃっしゃっと洗い、たっぷりの氷水にひたし、すすぐようにしてめんをしめる。水の豊かな風土だから、こんな贅沢が許されるわけです。暑い熱い夏の台所で、冷たい水に触れる心地よさ。川の流れのような白い色。そうめんは夏のご馳走です。

段つき鍋

昔ながらの段つき鍋は、めんをゆでるのに最適な鍋。名前のとおり、縁から4～5cm下がったところに段があり（せいろをのせるための段）、この段があることで吹きこぼれないのです。日本の鍋の特徴ですが、鍋底の角に丸みがあるので、ゆで湯や煮汁の対流が起こりやすく、全体に熱がまわるのも利点です。大きめの段つき鍋は、めんをゆでるだけでなく、野菜をゆでたり、魚を平らに入れて煮たり、蒸し物をしたりと万能。きんぴらごぼうも広い底面で炒めると、ごぼうの水分が上手に飛んで、しゃきしゃきの歯触りに仕上がります。おすすめの鍋です。

薬味

香り、ほのかな苦み、しゃきしゃきの食感で、めんをいっそうおいしくしてくれる薬味。薬味はたっぷりあるのがうれしいから、私は下ごしらえをちゃんとします。辛すぎないように、あくやぬめりが落ちるように、たくさん食べられるように。切ったら、さらしで包んで冷水につけたり、冷水で軽くもみ洗いをして、水気をしっかり絞る。さらしを使うと、水気がしっかり絞れる。こうして下ごしらえをした薬味は一味違うのです。余ったときも、きちんと下ごしらえをしてあれば、ラップに包んで冷蔵庫に入れたときのもちが違います。

わが家のそうめん

お昼はそうめんにしましょう、という日。しそ、みょうが、青ねぎをたくさん刻んで下ごしらえして。買ってきたばかりの油の新鮮な油揚げを、あられに切るのが、なぜか昔からのわが家のお決まりです。そうめんの食卓にはカルシウムが不足するので、じゃこのかき揚げをよく添えます。濃いめのめんつゆで、すだちをぎゅっと搾っていただきます。薬味と柑橘の涼しげな香りが心地よくて、めんがつるつるといくらでも入ってしまいます。

材料（3～4人分）

そうめん　3～4人分
めんつゆ（8ページ）　3～4人分
みょうが　2～3本
しそ　20枚ぐらい
青ねぎ（九条ねぎなど）　½本
すだち（半分に切る）　2個
油揚げ（あられに切る）　1枚
〈じゃこのかき揚げ〉
ちりめんじゃこ　50gぐらい
薄力粉　大さじ3ぐらい
水　少々
揚げ油（太白ごま油）　適量

① みょうがは小口切りにし、さらしで包んで冷水にひたし、しゃきっとさせる。しそは縦半分に切り、重ねて端から繊維を断ち切るようにせん切りにする。さらしで包んで冷水にひたし、水にあくの色が出たら水を1～2回替える。青ねぎは小口切りにし、さらしで包んで冷水にひたし、ぬめりと辛みを取る。

② ボウルにちりめんじゃこを入れて、薄力粉を大さじ1ずつ加えて混ぜ、水少々を入れて、そのつどよく混ぜる。つまんでみたとき、たねがぼろぼろにならないぐらいに薄力粉と水を加えて混ぜる。

③ ②のたねを大きめの一口大にまとめ、低温の揚げ油に入れて、ゆっくりと揚げる。表面がかりっとしてきたら返し、全体をかりかりに揚げて、油から引き上げ、油をきる。

●たねはしっかり丸めると、揚げたときにかたくなるので、一口大になんとなくまとめる程度がよい。

④ たっぷりの湯でそうめんをゆで、冷水にとってしめ、器に盛る。①の薬味のさらしをぎゅっと絞って水気をきり、それぞれ器に盛る。すだち、油揚げ、めんつゆを食卓に用意する。

香りの野菜、
あられに切った油揚げ、
じゃこのかき揚げ、すだち。
これがそろえば文句なし。

夏野菜の揚げびたしとそうめん

昔からずっと作っている夏野菜の揚げびたし。わが家の夏はこれがないと始まりません。ご飯のおかずにはもちろん、このおつゆでそうめんを食べるのがまた格別。揚げびたしは冷蔵庫で保存がきくので、台所にあまり立ちたくない季節にありがたいお料理です。

材料（4人分）

そうめん　4人分

〈夏野菜の揚げびたし／作りやすい分量〉

めんつゆ（8ページ）　適量
なす　3本
いんげん　1パック
ピーマン（または万願寺とうがらし）　1袋
オクラ　1袋
みょうが　3個

揚げ油（太白ごま油）　適量
しそのせん切り、みょうがの小口切り、青ねぎの小口切り、しょうがのすりおろし　各適量

① めんつゆを大きなボウルにたっぷり入れておく。

② いんげんはへたを切り落とし、長さを半分に折る。ピーマンはへたの脇から縦に包丁を入れて食べやすく切る。

● ピーマンは縦にそぐようにして切ると、種のついたへたが残り、種が散らからずにすむ。

③ オクラはへたの先を切り落とし、がくに沿ってがくの先端をくるりとむきとり、お尻（とがった先）を少し切り落とす（はねるのを防ぐため）。みょうがは縦に2〜4等分に切る。

④ 揚げ油を高温に熱する。なす1本のへたを切り落とし、縦半分に切って、斜めに4〜5等分に切る。油に入れ、切り口が茶色く色づいたら引き上げて、すぐに①のめんつゆにひたす。残りも同様に1本ずつ切って揚げる。

● なすは高温で、油の温度が下がらないように1本ずつ、さっと揚げる。切り口が色づいたら油から上げてOK。

⑤ 続いていんげんを揚げ油に入れ、しわしわになったら引き上げて、めんつゆにひたす。ピーマン、オクラ、みょうがをそれぞれさっと揚げて、めんつゆにひたす。

⑥ たっぷりの湯でそうめんをゆで、冷水にとってしめ、器に盛る。

⑦ 夏野菜の揚げびたしを汁ごと器にたっぷりと盛り、薬味を添える。各人で揚げびたしをよそい、そうめんをつけていただく。

油を吸った夏野菜と、
濃いめのつゆの相性のよさ！
野菜と一緒に
そうめんをいただきます。

焼きなすのにゅうめん

焼きなすのおいしさは、忘れたくない日本の夏の味。真っ黒になった皮をむくと、とろんと口の中で溶けるような果肉が現れて、焦げた香りがまた、たまらない。淡泊なそうめんにのせ、あつあつのつゆをかけて、梅干しの塩味でいただくのが私は好きです。このめんには、かつお節のだしと煮干しのだしを合わせたつゆが合います。

材料（1人分）
そうめん　1人分
なす　1〜2本
みょうが　1本
しそ　5〜6枚
梅干し　1個
いり白ごま　大さじ1
だし　1と½カップ
★かつお節のだしといりこのだしを合わせたものなど
塩、しょうゆ　各少々

① なすを焼き網にのせ、全体の皮が黒く焦げるまで強火で焼く。
● 高温が持続する卓上ガスコンロを使ってもよい。

② なすが焼けたらまな板にのせ、竹串で皮を取る。へたを切り落とし、竹串で縦に食べやすく裂き、長さを3等分ほどに切る。

③ みょうがは縦にせん切りにする。しそは縦半分に切り、重ねて、向きを変えて置き、繊維を断ち切るようにせん切りにする。

④ だしを温め、塩で味つけし、香りづけにしょうゆ少々を加えて味をととのえる。
● 梅干しを加えるので、梅干しの塩分も考慮して、つゆは控えめの味つけにするのがよい。

⑤ たっぷりの湯でそうめんをゆで、水気をきって器に盛る。焼きなすをのせ、みょうが、しそ、梅干しをのせて、④のつゆをかける。白ごまをふる。
● 梅干しの上に熱いつゆを注ぐと、香りと味が全体に行き渡る。

かつお節のだし

（作りやすい分量／できあがり約5カップ）
①鍋に水6カップ、昆布（利尻昆布など）5㎝角2枚を入れて弱火にかける。沸いてきたら、昆布から小さな泡が上がる程度の火加減で、50分ほど煮出す。
②昆布を取り出して中火にし、沸騰直前にかつお節50gを入れ、菜箸で静かに沈めて、火を止める。そのまま7〜10分おき、味見をして、だしの味になっていればよし。なっていなければ、味が出るまでおく。
③ボウルにざるを重ね、水でぬらして固く絞ったさらしをのせて、だしをあける。さらしの四方を中心に折り上げて、絞らずにそのままおき、静かにだしをこす。とっただしは、容器に小分けにして冷凍しておくとよい。

いりこのだし

（作りやすい分量／できあがり約5カップ）
①いりこ90gは背中から半分に割って、身を二つに裂き、黒いはらわたを取り除く。
● できるだけ上等ないりこを使用する。
②①のいりこと水5カップをボウルや容器に入れて、冷蔵庫に一晩おく。
③ボウルにざるを重ね、水でぬらして固く絞ったさらしをのせて、だしをあける。さらしの四方を中心に折り上げて、絞らずにそのままおき、静かにだしをこす。とっただしは、容器に小分けにして冷凍しておくとよい。

焼きなすの香ばしさに、
梅干しとごまのよく合うこと！
冷たいものが続く夏の日、
温かいおつゆがしみるおいしさ。

鶏のスープで

鶏でとったスープは、日々の食事を豊かにしてくれます。私は時間のあるときに鶏のスープをとって、冷凍庫にストックしています。これさえあれば、中華やエスニックのめんをいつでも食べられる。具なんかなくても、ねぎを刻んで浮かべただけでも、スープがおいしければ満足感があるのです。鶏のスープのとり方はいろいろですが、濃厚なスープにしたければ、鶏がらや、手羽元や手羽先などの骨つきの肉を使います。骨つき肉を水から煮出すだけで、家庭でもすばらしいスープがとれて、一口飲めば、まろやかな美味にうれしくなるはず。とったスープは粗熱が取れたら小分けにして、冷凍保存しておくと便利です。

材料（作りやすい分量／できあがり約10カップ）
鶏がら　1個
鶏手羽先　10本
鶏手羽元　10本
長ねぎの青いところ　2本分
しょうがの皮　適量
★あるいはしょうがの薄切り　1かけ分
水　たっぷりかぶるぐらい（約3リットル）

① 鶏がら、手羽先、手羽元はよく洗って水気を拭く。鍋に入れて分量の水を注ぎ、長ねぎ、しょうがを加えて火にかける。
② 沸騰してきたら火を弱めて、あくを取りながらコトコトと静かに煮立つ火加減で煮る。20〜30分ほど煮たところで、手羽先と手羽元を取り出すと、以下の食べ方ができる。
③ さらに40分ほど煮て、味をみる。おいしいスープになっていれば火を止め、ざるをのせた大ボウルにあけてこす。粗熱が取れたら、スープは小分けにして冷凍保存しておくとよい。

スープをとったあとの手羽先、手羽元はにんにくしょうゆ漬けにします。これを素揚げにしても、魚焼きグリルで焼いても美味。たくさんあっても、いつもあっという間になくなります。

① 手羽先、手羽元を大ボウルに入れて、熱いうちにしょうゆ½カップをまわしかける。スープをとりたての手羽は肉がくずれやすいので、しょうゆをかけたらあまり触らず、熱が取れるまでそのままおく。
② 粗熱が取れたら、にんにくのすりおろし2かけ分を加え、手でさっくり混ぜて全体に味をからめる。ファスナーつき保存袋などに入れて、熱が取れたら冷凍庫にストックしておく。食べる前に解凍し、素揚げにしたり、グリルで焼いていただく。

鶏肉のフォー風

鶏肉をめんの具にするとき。鶏のスープ（52ページ）をとる際に火を止める少し前に、具にする鶏肉もスープの鍋に入れて一緒にゆでます。こうすれば、スープと一緒にゆで鶏ができるし、スープにさらに鶏のうまみが加わって、いっそうおいしくなるわけです。具にする鶏肉は、スープにひたして冷ますと、肉がぱさつかず、しっとりと食べられます。このスープに少し塩を加えて冷蔵庫に入れておけば、鶏肉もスープも2〜3日もってくれます。

材料（1人分）

フォー（市販・乾めん）　1玉
鶏のスープ　1と½カップ
鶏むね肉　1枚
★使わない分はスープにひたした状態で冷蔵庫で保存する
ヌクマム、塩　各少々
赤唐辛子　1本
香菜　½束
バイマックルー　3枚ぐらい
こしょう　適量

① 鶏のスープをとる際に、火を止める10〜15分前に鶏むね肉を入れて一緒にゆでる。火を止めたら、むね肉がスープにつかった状態にしてそのまま冷ます。

● 冷凍しておいた鶏のスープを使う場合は、鍋に入れて熱して解凍し、この中にむね肉を入れて15分ほどゆで、火を止めてしばらくおいておく。

② 香菜は食べやすく刻む。バイマックルーは重ねて丸め、端から細く切る。赤唐辛子は種を取り、斜め薄切りにする。鶏むね肉は食べたい量を手で大きめに裂く。

③ フォーは表示どおりにゆでて、水気をきる。

④ 鶏のスープを鍋に入れ、赤唐辛子を入れて温める。ヌクマムと塩で味をつける。

⑤ 器にフォーを入れ、上にむね肉をたっぷりのせ、香菜とバイマックルーを添える。熱いスープを注ぎ、こしょうをひいていただく。

ベトナムのストリートの味。
濃厚な鶏のスープが主役です。

鶏にゅうめん

骨つきの鶏をコトコト煮込んでとったスープに、いりこを加えて少し煮出すと、これまたすばらしいスープができるのです。おつゆがおいしいから、本当に具がなくてもいい。たまたま香菜があったので使いましたが、にらでも水菜でも、お好きな青みを散らせばＯＫ。このスープは、えびめんなどの細い中華めんで作ってもおいしいです。スープを冷たくして、冷やしそばにするのもおすすめです。

材料（2人分）

そうめん　2人分
鶏のスープ　3と½カップ
いりこ　ひとつかみ
塩　少々
香菜　1束ぐらい
こしょう　たっぷり

① いりこは身を二つに裂いて、黒いはらわたを取り除く。
② 香菜は葉先を摘み取り、根は切り落とし、茎をみじん切りにする。
③ 鍋に①のいりこを入れ、鶏のスープを注いで10～15分ほど中火で煮る。味をみて、塩で調味する。
④ そうめんはたっぷりの湯でゆで、水気をきる。
⑤ 器に香菜の葉と茎を敷いて、そうめんを真ん中に入れる。熱いつゆをはり、こしょうをたっぷりひく。

スープがおいしいから
青みとこしょうだけでも最高！

しいたけのあわびめん

その昔、都内の老舗ホテルの中にある高級中国料理店で、干ししいたけのそばを食べました。あまりにおいしくて、平日の昼間にひとりで何回か通ったほど（今もメニューにあるかしら?）。厨房でどんなふうに作られていたのかわからないけれど……おいしさの記憶を頼りに自分で作りはじめたのが、この汁そばです。うちで食べた人が「しいたけのあわびめん」と呼んでくれたので、こちらの名前でご紹介。時間をかけて作る価値があると思います。

材料（2人分）

中華乾めん（香港の「卵めん」を使用。好みの細い中華めんでよい）　2玉
干ししいたけ（厚みのあるどんこ）　大4個
—紹興酒　大さじ2〜3
—しょうゆ　大さじ2
鶏のスープ　3カップぐらい
★鶏のスープをとるときに、だし昆布を加えるといっそう美味
青梗菜　2株
塩、ごま油、各適量
黒こしょう　適宜

① 干ししいたけはボウルに入れて、しっかりかぶるほどの水を注ぎ、冷蔵庫に二晩ほどおいてもどす。

② 石づきを落とした①をもどし汁ごと鍋に入れ、紹興酒としょうゆを加えて中火にかける。沸騰したら弱火にし、落としぶたをしてとろとろと4〜5時間煮る。煮汁が半分ぐらいに減れば、ちょうどいい味つけに煮えている。火を止めてそのままおく。

●連続して煮なくてもよい。こまぎれの時間でもよいので、コンロが空いているときに、のんびりと時間をかけて煮る。

③ 青梗菜は茎に十字に切り目を入れて、冷水につけ、しゃきっとさせる。塩ゆでして水気を絞り、長さを2〜3等分に切る。

④ ②の軸を切り落とし、包丁をねかせて厚みをそぐように1.5〜2cm幅に切る。煮汁は鍋に残しておく。

⑤ たっぷりの湯でめんをゆでて、水気をきる。ごま油をまぶしておく。

⑥ 鍋に鶏のスープを温め、味をみながらしいたけの煮汁を加え、少量の塩で味をととのえる。どんぶりにスープをはる。

⑦ ⑥にめんを入れ、上にしいたけと青梗菜をのせる。好みで黒こしょうをたっぷりひいていただく。

「あわびとしか思えない」の声しきり。
干ししいたけのなめらかな舌触り、
歯ごたえのよさ。
無性に恋しくなる汁そばです。

冷やし中華

たれの味こそが、
冷やし中華の決め手。
家で作って食べるに限ります。

冷やし中華を食べたくなったら、自分で作ります。おいしいたれで、食べたいからです（外で食べるものは私には甘すぎて……）。鶏でとったスープに調味料を混ぜて、好みの味のたれを作って。見た目の美しさも味のうちですから、ハムは切ったときに形がそろうように、四角いボンレスハムを使います。薄く焼いて細切りにした卵、全部に緑色の外側がつくように切ったきゅうり、薄切りのトマト。具を放射状にする決まり、実はないんですよね。

材料（2人分）
中華めん（細めんの縮れめん）　2玉
ごま油　少々
〈たれ〉
鶏のスープ　1カップ
しょうゆ　大さじ4
酢　大さじ4
砂糖（きび砂糖など）　大さじ1～2
ごま油　大さじ1
〈薄焼き卵〉
卵　2個
酒、塩　各少々
太白ごま油　適量
ボンレスハム（四角いハム）　4～5枚
トマト　2個
きゅうり　1本
もやし　1袋
白髪ねぎ　½本分

① 薄焼き卵を作る。ボウルに卵を割りほぐして、酒と塩をほんの少し（ほのかに風味を感じるぐらい）加え、よく混ぜてこす。卵焼き器や小さなフライパンをよく熱して油をなじませ、卵液を薄く流して焼き、裏に返して焼き、取り出す。鍋肌が乾いたら油を足して、残りの卵液も薄焼きにし、杉板などに重ねておく。粗熱が取れたら幅を半分に切って重ね、端から細く切る。

② ハムは細切りにする。トマトは半分に切って、薄切りにする。きゅうりは斜めの薄切りにしてから、細切りにする。ねぎは白髪ねぎにして氷水に放っておく。もやしは熱湯でさっとゆで、水気をきる。

③ たれを作る。鶏のスープに調味料を加えて混ぜ、好みの味にする。

④ たっぷりの湯で中華めんをゆで、ざるに上げて水気をきり、ごま油をまぶしておく。

⑤ 器に④のめんを盛り、①と②の具材を並べ、たれをかける。

中華めん

乾めん、生めん、ストレートめん、縮れめん。香港の乾めんにはえびや卵を練り込んだものもあって、中華めんは料理によってめんを使い分ける楽しみがあります。いずれも、たっぷりの湯で、表示時間のとおりにゆで(ゆですぎ厳禁)、湯をしっかりきってごま油をまぶしておくと、めんどうしがくっつくことなくおいしくいただけます。温かいつゆそばで食べるなら、鶏のスープ(52ページ)を使って。あさりやしじみを水から煮出せば、だしいらずのスープができて、こちらはエスニック風の味つけが合います。細いめんは野菜などの具をたっぷり混ぜて、あえめんにしてもおいしいです。

あさりそば

あさりと水を鍋に入れて煮るだけで、極上のスープができるのだからうれしくなります。中華めんはもちろん、うどんにも、そばにも、にゅうめんにも、あさりのスープはどんなめんにもOK。和風の味つけならしょうゆで、中華風なら塩とごま油で、エスニックならヌクマムで、調味料を変えるだけで変幻自在です。

材料（2人分）

中華乾めん（細めん。えびめんなど）　2玉
ごま油　適量
〈スープ〉
―あさり　300g
　水　3カップ強
　塩　少々
―こしょう　適量
わかめ（もどしたもの）　1カップぐらい
青ねぎ（九条ねぎなど）　½本分

① あさりは海水程度の塩水にひたし、ふたをして冷蔵庫に入れ、砂出しをする。

② わかめは長さをそろえて食べやすく切る。青ねぎは小口に切り、さらしで包んで氷水にさらし、水気をぎゅっと絞る。

③ たっぷりの湯で中華めんをゆで、湯をきって、ごま油をまぶし、器に入れる。

④ あさりの殻と殻を合わせるようにしてよく洗い、鍋に入れる。分量の水を注いで火にかけ、あさりの口が開いたら火を弱めて少し煮、塩で調味して、こしょうをたっぷりひく。

● あくをすくい取り、煮ている途中で水分が足りなくなったら水を補って煮る。あさりのだしをスープにしっかり出す。

⑤ ③の器に④のスープを注ぎ、わかめ、青ねぎを添える。

だしいらずで本当においしい。
あさりのスープは万能です。

しじみそば

しじみがおいしくなるのは7月頃。あさりの旬が終わると、今度はしじみというわけで、海に囲まれた風土のありがたみを感じずにいられません。しじみも水と煮出すだけで、風味豊かなスープがとれます。しじみだけでもいいですが、もうちょっとうまみが欲しいと感じるときは、私は昆布を加えたり、あさりのスープと合わせたりしてアレンジしています。中華めんのスープは、自由な発想で作っていいのです。

材料（2人分）

中華生めん（細めの縮れめん）　2玉
ごま油　適量
〈スープ〉
しじみ　500g
だし昆布　5cm
にんにくのみじん切り　大さじ1
水　3カップ強
赤唐辛子　1～2本
ヌクマム　大さじ1強
ごま油　大さじ½

ラー油　適量
白髪ねぎ　1本分
きゅうり　2本
塩　適量

① しじみは水か、塩少々を入れた水にひたし、ふたをして冷蔵庫に入れておく。

② 長ねぎは白髪ねぎにして、冷水にさらしておく。きゅうりは小口からごく薄切りにして（スライサーで薄切りにしてもよい）塩をふり、しばらくおいてしんなりさせ、水気を固く絞る。赤唐辛子は小口に切り、水につけてふやかしておく。

③ 鍋にしじみ、昆布、にんにく、分量の水を入れて火にかける。しじみの殻が開いてからも、貝の身が殻から外れない程度に少し煮る。

●少し煮て、しじみのうまみをスープに出す。途中で水分が足りなくなったら足して煮る。

④ ③に赤唐辛子の小口切りを加え、ヌクマム、ごま油を加えて少し煮る。味をみて、ヌクマムで塩加減をととのえ、ラー油を加えて好みの辛さにする。

⑤ たっぷりの湯で中華めんをゆで、ゆで上がったら湯をきって、ごま油をまわしかけておく。

⑥ 器にめんを入れ、④のスープを注ぐ。②のきゅうりをもう一度水気を絞ってのせ、白髪ねぎを天盛りにする。好みでラー油をさらに加えて辛くして食べてもよい。

台湾料理の
しじみのしょうゆ漬けのように、
うんと辛くして。
きゅうりがよく合います。

鶏煮込みそば

わが家の冬の定番。学生時代によく食べていた、六本木の中国料理店の煮込みそばがルーツです。とても好きだったので、家で再現して、自分流を楽しむようになりました。土鍋でぐつぐつ煮た鶏のスープに、中華そばの生めんをじかに入れて煮るので、ちょっととろみがつきます。だから本当にあつあつ。土鍋からみんなでよそって、ふうふういいながら食べる和気藹々な雰囲気もまた、心身を温める効果があるようです。

材料（4人分）

中華そば（生めん）　4玉
鶏もも肉　2枚
　塩　適量
鶏のスープ（52ページ）　4〜5カップ
★または鶏ガラスープ
├鶏ガラ　2個
│玉ねぎ、長ねぎ、しょうが　各適宜
└水　適量
青梗菜　2株
塩、しょうゆ、黒こしょう　各適量

① 鶏もも肉は水洗いし、水気を拭いて1枚を6等分ほどに切る。バットに角ざるを重ねて鶏肉を並べ、多めの塩をふり、1時間ほどおく。

② 鶏ガラでスープをとる場合は、鶏ガラをきれいに水洗いして、水気を拭き、寸胴鍋に入れる。玉ねぎ、長ねぎ、しょうがを皮や青いところなどをつけたまま適当に鍋に入れ、鶏ガラがしっかりかぶる程度の水を加える。強火にかけ、沸騰してあくが出てきたらあくをすくい、中火で1時間ほど煮る。味見をしておいしいスープになっていればOK。だしをこす。

③ 青梗菜はゆでて、株の部分に縦に切り目を入れて、長さを2〜3等分に切る。

④ 土鍋に鶏のスープか鶏ガラスープを温め、①の鶏肉を水気を拭いて加える。鶏肉に火が通ったら、いったん取り出し、肉の厚みをそぐように食べやすく切る。

● 最初から小さく切って鍋に入れると、鶏肉の存在が弱くなるので、最初は大きめの切り身で煮る。

⑤ 土鍋のスープの味を塩としょうゆでととのえてから、めんをほぐして入れ、少し煮る。青梗菜と鶏肉をのせて、さらに少し煮る。仕上げに黒こしょうをたっぷりふり、めいめいで取り分けていただく。

濃厚な鶏のスープでじかにそばを煮るから
ほんのりとろみがついて、あつあつ。
寒い日、からだが芯から温まります。

「あえめん」はおいしい、楽しい

中華めん（乾めん）をゆでて、野菜などのたっぷりの具材と混ぜる「あえめん」。軽やかで、サラダ感覚でするすると食べられて、とてもおいしいのです。大皿に盛って取り分けるスタイルも楽しいから、人が集まるときにもうってつけ。「あえめん」には、具材となじみやすい細いめんがおすすめで、私はよく「えびめん」（香港製の輸入乾めん。中華食材のコーナーで手に入ります）を使います。「えびめん」のゆで方と下ごしらえをご紹介します。好きな具と混ぜて、よくあえて召し上がってください。

① たっぷりの湯を沸かし、えびめんを入れる。ほぐれてきたら、トングなどでめんをほぐしながらゆでる。袋の表示どおりに1〜2分で湯から引き上げる。めんの全体がほぐれていればＯＫ。

② ざるに上げて湯をきる。えびめんは長くて、からまっていることが多い。具材とあえやすいように、また食べやすいように、キッチンばさみで適当に切っておく。

③ ごま油をまぶす。めんどうしがくっつきにくく、風味もよくなる。

④ これで「あえめん」にするえびめんの下ごしらえ完了。あとは好きな具と調味料を加えてあえるだけ。

シンプルあえめん

「緑のおそば」を作るイメージで、細切りにしたレタスを、えびめんにたっぷりと混ぜ込みます。ザーサイの発酵のうまみと塩気、小えびのうまみで味つけがされるので、食感と香りをよくするごま油を加えるだけで充分。えびめんもザーサイも小えびもストックできる食材ですから、買い物に行かなくてもすぐにできます。香菜はめんに混ぜずに、まわりにあしらうと、苦手な人がよけられますよね。

材料（2～3人分）

えびめん　2～3玉
　ごま油　適量
レタス　3～4枚
ザーサイ　大½個
しょうが　1かけ
小えび（乾燥アキアミ）　30gぐらい
ごま油　適量
香菜　適宜

① えびめんはゆでて湯をきり、食べやすくはさみで切って、ごま油をまぶしておく。

●夏場なら、ゆでためんを冷水にくぐらせ、水気をしっかりきってからごま油をまぶす。

② レタスは5～6cm長さの細切りにする。ザーサイは軽く洗って5～6cm長さの細切りにする。しょうがは皮をむいて薄切りにし、重ねて細切りにする。

③ 大ボウルに①のえびめんを入れ、レタス、ザーサイ、しょうが、小えびをのせて、よくあえる。ごま油をまわしかけて、全体が混ざり合うように、さらによくあえる。

④ 器の周囲に食べやすくちぎった香菜を敷き、真ん中に③をこんもりとのせる。

●小えびの代わりに、桜えび、ゆで鶏や蒸し鶏で作っても。白髪ねぎやもやしを混ぜるなど、あえめんは自由な発想で作るのが楽しい。

緑いっぱいで
まるでサラダのようなめん。

きくらげあえめん

きくらげが「陰の主役」とも言えるあえめんです。きくらげは1袋全部もどして、炒めて味をつけた状態で、冷蔵あるいは冷凍しています。このストックがあれば、細切りにした野菜とめんとあえるだけで、うまみのあるあえめんのできあがり。きくらげ炒めは中華風のあえ物や焼きそばに入れてもいいし、豚肉と卵と炒めてもおいしく、とても重宝します。

材料（2〜3人分）

えびめん　2〜3玉
ごま油　適量
〈きくらげ炒め／作りやすい分量〉
- きくらげ（乾燥）　1袋
- にんにくのみじん切り　1かけ分
- しょうゆ、黒こしょう　各少々
- 太白ごま油　大さじ2

えび（小）　6〜9尾
- にんにくのみじん切り　小さじ1
- しょうがのみじん切り　小さじ1
- 太白ごま油　大さじ1
- ヌクマム　少々

白髪ねぎ　1/2本分
きゅうり　1本
香菜　1束

① きくらげはたっぷりの水につけてもどす。水気をきって、かたい石づきを除いて、細切りにする。フライパンにごま油とにんにくを入れて弱火で炒め、香りが立ったらきくらげを入れて炒める。しょうゆで味をつけ、こしょうをふる。

② えびは背わたを取る。フライパンにごま油とにんにく、しょうがを入れて弱火で炒め、香りが立ったらえびを入れて炒める。色が変わったらヌクマムで味つけする。

③ 白髪ねぎは氷水につけておき、水気を取る。きゅうりは斜め薄切りにして重ね、細切りにする。

●白髪ねぎは氷水につけておくと、くるんとカールする。

④ えびめんはゆでて湯をきり、食べやすくはさみで切って、ごま油をまぶしておく。

⑤ 大ボウルにえびめんを入れ、好みの量のきくらげ炒め、②のえび、③の野菜を加えてあえる。食べやすくちぎった香菜も加えてあえ、器に盛る。

●味が足りなければ、ヌクマムをふってあえても。

きくらげのしこしこ、
野菜のしゃきしゃきで、
あとひくおいしさ。

肉みそレタス包みそば

肉と同じぐらい野菜がたっぷり入った肉みそは、わが家の十八番。いろいろに使えるので多めに作り、冷凍保存しています。夏に私がよくやるのが、手で食べられるレタス包みそば。半分に切ったピーマンの中に、中華めん（玄米ご飯も合います）と肉みそを入れて、レタスで包んでがぶり。まるでサラダのようなめん料理で、人が来るときにもいいのです。もちろん細切りにしたレタスやピーマン、肉みそをめんとあえて食べてもいいです。

材料（2人分）

中華乾めん（細めん。えびめんなど）　2玉
ごま油　適量
〈野菜入り肉みそ／作りやすい分量〉
豚ひき肉　200g
なす　大1本
ピーマン　2個
長ねぎのみじん切り　½本分
にんにくのみじん切り　1かけ分
しょうがのみじん切り　1かけ分
みそ　大さじ3
酒　大さじ3
みりん　大さじ1
太白ごま油　大さじ2

ピーマン　2〜3個
レタス　1玉
きゅうりの細切り、白髪ねぎ　各適宜

① 肉みそを作る。なすはへたを落とし、ピーマンはへたと種を取って、それぞれ5㎜角に切る。

② 大きめの鍋に太白ごま油をひき、長ねぎ、にんにく、しょうがのみじん切りを炒める。香りが立ったら、ひき肉を入れてほぐしながら炒める。鍋の中央に透明な脂が出てくるまで、ひき肉をしっかり炒める。

◎ひき肉をしっかり炒めるのがおいしく作るコツ。肉から出た水分が飛んで、透明な脂だけが残るぐらいに。炒め方が足りないと、肉のにおいが残ってしまう。鍋中の音がぱちぱちという高い音に変わってくると、水分が飛んで脂と肉だけになった証拠。

③ ひき肉がよく炒まったら、①の野菜を加えて炒める。みそを加えて鍋中で溶かし混ぜ、酒、みりんを加えて強火にする。アルコール分が飛んだら火を弱め、水½カップほどを加えて、水分がなくなって、肉みそがとろんとしてくるまで煮る。

④ たっぷりの湯で中華めんをゆでて、湯をきり、ごま油をまぶす。

⑤ ピーマンはへたと種を取り除き、縦半分に切る。切り口のへたのつけ根の部分がまっすぐになるように、ペティナイフで形をととのえる。レタスは1枚ずつにする。

⑥ 肉みそ、めん、レタスとピーマンをそれぞれ器に盛る。レタス1枚の上にピーマン½個をのせて、この中に中華めんを入れる。肉みそをのせ、好みできゅうりと白髪ねぎをのせて、レタスで全体を包んでかぶりつく。

野菜？　肉みそ？　中華めん？
何が主役かわからない、
でもおいしい！

焼きそば

具をたっぷり用意して、焼きそばをたくさん作って、みんなで食べる時間は楽しいものです。めんは、うちではスーパーマーケットで手に入る焼きそば用のめんを使うことが多いです。茶色のめんも見かけますが、クリーム色のごく一般的なものを。中華そばの乾めんで、焼きそばを作ることもあります。いずれにしても太めのしっかりした縮れめんがおいしいです。焼きそばは焼き方が大事。表面がかりかりで香ばしく、中がふっくらもっちりとした食感のそばが私の好み。多めの油で、めんにあまり触らずに、中ぐらいの火で片面をじっくりと揚げ焼きします。焼き色がついたら返して、裏だった面も色がつくまでじっくり焼きます。こうすると両面がかりかりで中がふっくらと焼けます。

いか焼きそば

うちの焼きそばにはいかが入るのです。いかが焼ける甘い香りは、焼きそばによく合います。いかをお刺身で食べるときに、残ったえんぺらやげそを冷凍しておき、「冷凍いかがたまったから、お昼は焼きそばにしましょう」なんていうこともよくあります。そばはそばだけでかりっと焼いて、あとで具と合わせる手順で作ってください。

材料（2〜3人分）

中華そば（乾めんの縮れめん）
または焼きそば用めん（蒸しめん）　2玉
やりいか　3ばい
豚薄切り肉（肩ロースなど）　150g
キャベツ　2枚
玉ねぎ　大¼個
にんにく　大1かけ
しょうが　大1かけ
太白ごま油、ごま油　各適量
ソース　大さじ4強
★「薬膳ソース」（三留商店）を使用
こしょう、カレー粉　各適宜

焼きそばを作るときに、わりとよく使うのが「萬藤　中華そば」。乾めんなので、さっとゆでて水気をきって使います。

① 野菜の下ごしらえをする。キャベツは3cm角に切る。玉ねぎは7mm幅ぐらいに切る。にんにく、しょうがはみじん切りにする。

② やりいかは胴体は1cmほどの輪切りにする。えんぺらや脚は食べやすく切る。豚肉は1.5cm幅に切る。

●いかと豚肉のうまみを合わせることで、お料理にこくが出る。

③ 乾めんはゆでて、ざるに上げて水気をきり、ごま油をまわしかける。焼きそば用の蒸しめんは、袋から出すだけでOK。

④ 中華鍋を温め、大白ごま油をたっぷり（大さじ3ぐらい）ひいて、③のめんを軽くほぐしながら広げて入れる。中ぐらいの火加減で、焼き色がつくまでほうっておく。焼き色がついたら返し、裏面も色がつくまで焼く。途中でめんが乾いた感じになったら、油を足して焼く。焼いためんをいったん取り出す。

●菜箸などで触りすぎるとなかなか焼き色がつかない。めんはあまり触らずにほうっておくのがよい。

⑤ あいた中華鍋に大白ごま油少々をひき、にんにく、しょうがを弱火でよく炒める。香りが立ったら玉ねぎを入れてよく炒める。玉ねぎがしんなりしてきたら、豚肉を入れて炒める。

●ときどき、油を足しながら炒める。

⑥ ⑤の豚肉に火が通ったら、いかを加えて炒め、いかに火が通ったらキャベツを加えて炒める。

⑦ ⑥に焼きそばを加え、トングで具とそばをよくあえる。鍋肌をところどころあけながら、そこへめがけてソースをたらし、ソースが少し焦げるぐらいに焼いて全体に味をからめる。好みで仕上げにこしょうやカレー粉をふってもよい。

いかの甘い香り、
キャベツの甘み、
ソースの焼ける匂いが
たまりません。

野菜炒めとかりかり焼きそば

別々に炒めて「のっけて食べる」のがわが家流。

豚肉と野菜炒めの焼きそばは、みんなが大好き。でも、野菜炒めとそばを一緒に炒めると、中華鍋やフライパンからあふれ出しそうになりませんか？ そういう鍋の中ではもちろん、具とめんをうまく混ぜ合わせるのも難しい。そこでわが家では、そばと野菜炒めを別々に炒めるスタイルになりました。野菜は1種類ずつ、その野菜がかりっと歯ごたえよくおいしくなるように炒めて皿に取り出します。1種類ずつ炒めては、野菜をどんどん積み重ねていきます。そばも表面がかりっ、中をもっちりと焼き上げて、別皿に盛ります。これらを食べたいだけ自分のお皿によそって、好きな味つけで食べるわけです。おいしさはもちろん、食べるのが楽しい焼きそばです。

めんはめんでおいしく焼く。
野菜は1種類ずつ、おいしく炒める。
こうして作れば失敗がなく、
「また食べたい！」焼きそばの完成です。

野菜炒めは手軽な料理のようで、実は「おいしく作れない」という人も多いのでは？　何種類もの野菜を一緒に炒めようとするから、難しいんです。野菜はそれぞれ火の通る時間が違いますから、火の通りにくいにんじんをしっかり炒めようとするうちに、キャベツに火が入りすぎて水気が出てきてしまう……という事態になりがちです。野菜は1種類ずつ、しゃきっとおいしく炒めて、塩、こしょうで軽く味つけして取り出します。それぞれが「ちょうどいい炒め具合」になっていれば、それが合体したときに、えも言われぬおいしさが生まれます。野菜炒めの材料はなんでもいいのです。小松菜やアスパラガスもいいし、ひき肉や桜えびを入れても。きくらげ炒め（74ページ）なんかを加えても。あるいは、にらやねぎさえあれば、あとはキャベツだけでもおいしいものです。

材料（2〜3人分）
焼きそば用めん（蒸しめん）　2玉
キャベツ　2枚
わけぎ　2〜3本
もやし　1袋
にら　1束
にんじん　½本
ピーマン　2〜3個
豚バラ薄切り肉　200g
にんにく、しょうがのみじん切り　各1かけ分
太白ごま油　適量
塩、黒こしょう　各適量
米酢、豆板醤、しょうゆなど　各適宜

① 具の下ごしらえをする。キャベツは3cm角ぐらいに切る。わけぎは3cm長さの斜め切りにする。もやしはひげ根を取り、冷水につけておく。にらは3〜4cm長さに切る。にんじんは皮をむき3cm長さの細切りにする。ピーマンはへたと種を取り、3cm長さの細切りにする。豚肉は食べやすく切っておく。

② 中華鍋を温め、ごま油を多めに（大さじ3ぐらい）ひく。そばを入れて、ざっとほぐし、強めの中火であまり触らずに焼く。
●多めの油で揚げ焼きするようなイメージ。

③ ②のそばに焼き色がついたら返して、裏面も色がつくまで時間をかけてじっくりと焼く。焼いたそばを器に盛る。

④ 中華鍋の余分な油を拭き取り、中火にかける。キャベツを入れて強めの火でさっと炒め、軽く塩、こしょうをして皿にあける。

⑤ ④の中華鍋にごま油を足して、水気をきったもやしを広げて入れる。強めの火でさっと一度返す程度に炒め、軽く塩、こしょうをしてキャベツの上にのせる。

⑥ 中華鍋にごま油を足して、わけぎを入れ、軽く塩、こしょうしてもやしの上にのせる。同様ににらを炒め、もやしの上にのせる。

⑦ 中華鍋にごま油を足して、にんじんを炒める。にんじんの色がさえてきたらピーマンを加える。しゃきっと炒まったら、軽く塩、こしょうしてにらの上にのせる。
●にんじんを炒めるとき、乾いた感じになっていて水分が必要ならば、水を少しふりかけて炒める。

⑧ 中華鍋にごま油を足して、豚肉をかりっと炒める。塩少々、たっぷりのこしょうをふり、野菜炒めのてっぺんにのせる。

⑨ 焼きそば、野菜炒めの皿を食卓に並べる。各人が好きなだけ焼きそばをとり、野菜炒めをのせて、酢、豆板醤、しょうゆなど好きな味をプラスしていただく。

あんかけ焼きそば

海のもの（魚介）と、山のもの（肉、きのこ、野菜）が一緒になったうまみが、あんかけ焼きそばの醍醐味。具だくさんがおいしいです。材料を下ごしらえしてバットにまとめておけば、火の通りにくいものから中華鍋に入れて炒め合わせるだけ。味だしの豚バラ肉は必須ですが、あとの材料はもちろん全部そろえなくても。鶏のスープ（52ページ）で深みのある味になりますから、鶏のスープを冷凍しておくといいのです。

材料（3〜4人分）

焼きそば用めん（蒸しめん）　3玉
豚バラ肉　150g
えび（大）　4尾
やりいか　小3ばい
にんじん　5cm
白菜　3枚
生しいたけ　5〜6個
きくらげ（もどしたもの）　4〜5枚
ブロッコリー　½個
カリフラワー　小½個
長ねぎ　½本
にんにく　2かけ
太白ごま油　適量
鶏のスープ（52ページ）　2カップぐらい
ヌクマム　大さじ2ぐらい
しょうゆ　大さじ1弱
水溶き片栗粉　大さじ4〜5
黒こしょう、酢、ラー油　各適宜

① 豚バラ肉は3〜4cm幅に切る。えびは殻をむき、背わたを取って食べやすく切る。やりいかはわたと軟骨を取り除き、胴体は2cm幅に切る。脚は食べやすく切り分ける。

② 白菜は葉と軸の部分に切り分けて、軸は厚みをそぐように斜めに切り、軸も葉も5cm長さに切る。にんじんは皮をむき、縦に3〜4mm厚さに切って、食べやすい幅に切る。しいたけは石づきを取り、縦に薄くスライスする。きくらげは石づきを取り、大きいものは半分に切る。

③ ブロッコリー、カリフラワーは小房に分けて、5mm厚さに縦にスライスする。長ねぎは斜め切りにする。にんにくは薄切りにする。

④ 中華鍋を温めて、太白ごま油大さじ3をひき、めんを袋から出して並べる。軽くほぐす程度にして、あまり触らずに中火でじっくり焼き、焼き色がついたら返す。両面にしっかり色をつけ、角ざるに取り出して油をきり、器に盛る。

⑤ 空いた中華鍋に太白ごま油大さじ3を足して、にんにくを炒める。香りが立ったら豚肉を入れて炒め、肉の色が変わったら、にんじん、白菜の軸、きくらげ、しいたけを順に入れて炒める。

⑥ 白菜の葉、ブロッコリー、カリフラワー、長ねぎを順に入れて炒め合わせる。へらで返しながら炒め合わせ、油を足して、いか、えびを加えて炒める。

⑦ 鶏のスープを2〜2カップ強ほど注ぎ、煮立ったら具材の真ん中をあけて、そこへヌクマム大さじ1を加え、さらにしょうゆを加えて混ぜる。再び煮立ったら味見をして、足りなければヌクマムを追加する。

⑧ 鍋中が煮立った状態で、鍋の真ん中をあけて水溶き片栗粉大さじ2と½を加え、ざっと混ぜる。再びぐつぐつと煮立ったら、水溶き片栗粉をさらに大さじ2ぐらい加えて、ざっと混ぜて煮立たせる。黒こしょうをふり、めんの上にかける。好みでさらに黒こしょうをふったり、酢やラー油をかけていただく。

好きなだけ、おいしいあんをかけて。
あんの追加も家でならＯＫ！

ベトナムで出合っためん

ベトナムに足しげく通っていたのは30年ぐらい前で、まだ行く人がめったにいない頃。スパイシーで野菜たっぷりの私好みの料理が多く、行くたびに料理を覚えて帰ってきました。めん料理にもたくさん出合いました。その中から、うちで人気の3品をご紹介します。米粉が原料のビーフンは鍋にこびりつきやすいですが、焦げつくまでよく炒めるのがおいしさの秘訣です。ちりちりという音がしてくれば、鍋底に焦げができている証拠。へらでかりかりと削り取り、油を足しながらよく炒めることを続けるうちに、さらっとした感じになってくる。さらさらでふわんとしたところと、かりっとお焦げになっているところが混ざり合っているのがうちのビーフンの特徴で、とてもおいしいと好評です。

ベトナム風ビーフン

道端に置いた七輪で、じゅうじゅうと煙を上げて焼かれる肉は、かりかりの焦げ色がついてたまらなく美味。ベトナムの農村で、人と一緒に田畑で働く水牛をよく見ました。たくさん働いたあとだから、こちらの牛肉はかたいのかしら、なんて思ったり（私が通っていた頃は水牛の肉でした）。おかげで日本の焼き肉用のかための肉も、包丁でたたいてから焼くとやわらかくなるし、赤身のかみごたえのおいしさを発見。下味にざらめのような粒子の粗い砂糖をまぶすのが、私がとりこになった30年ほど前のベトナムの味の記憶です。

材料（2〜3人分）

ビーフン　2人分（250g）
牛焼き肉用（赤身）　200gぐらい
★上等な肉である必要なし
粒子の粗い砂糖（ざらめ、グラニュー糖など）　大さじ3〜4
にんにくのみじん切り　1かけ分
黒こしょう　たっぷり
ヌクマム　大さじ2
太白ごま油　適量
サニーレタス、バジル、ミント　各適量
バイマックルー、青唐辛子　各適宜
〈ヌクチャム〉
赤唐辛子　3〜4本
にんにくのみじん切り　2〜3かけ分
酢、メープルシロップ、水　各大さじ4

① 牛肉は包丁で細かくたたく。両面ともに細かい格子を入れる感覚で。バットに並べ、全体に粒子の粗い砂糖をまぶし、にんにくを散らし、黒こしょうをたっぷりひいて、ヌクマムをかける。しばらくおいたら、裏面に返して肉全体に下味をなじませる。

② ビーフンはたっぷりの水につけて、少しかためにもどす。

③ ヌクチャムを作る。赤唐辛子を小口切りにして、種ごとボウルに入れる。にんにく、酢、メープルシロップ、分量の水を加えてよく混ぜる。

④ 中華鍋を温め、ごま油大さじ2をひいて、水気をきったビーフンを入れて炒める。めんをほぐしながら強めの中火で炒める。鍋肌が乾いたようになったら油を足し、鍋底にビーフンがこびりついたら、それをへらではがすようにしながら、好みのやわらかさになるまでよく炒める。

● こびりつき（焦げ）をはがしながら、よく炒めると、ビーフンがふわっとしてくる。お焦げとふわっとしたところの両方があるのがおいしい。ふわっとしてくるまで炒めると、ビーフンはもう鍋にこびりつかなくなる。

⑤ 牛肉を香ばしく網焼きする。

⑥ 器に炒めたビーフンを盛り、焼いた肉、一口大にちぎったサニーレタス、バジル、ミントを交互にのせる。好みでバイマックルーのせん切り、細く切った青唐辛子を散らす。各人で皿にとりわけ、ヌクチャムをかけていただく。

香ばしく網焼きした牛肉、涼しい香りのハーブ、
甘辛酸っぱいたれ。どうしてこんなに合うのでしょう！

ハノイ風焼きそば

ずいぶん昔にハノイを旅したときのこと。いい匂いのする屋台をのぞいたら、その店で出すのはレバーの焼きそば1品だけ。レバーはそれほど得意ではないのですが……。食べてみたら、かりっと香ばしく焼いたレバーと、かりかりのめんの相性がすばらしく、パンチのある味に魅了されました。ベトナムでは中華めんに似た「ミー」というめんを使いますが、私は焼きそば用の蒸しめんや細めの中華めんで作っています。

材料（2人分）

焼きそば用めん（蒸しめん）　2玉
鶏レバー　150gぐらい
〈下味〉
―にんにくのすりおろし　1かけ分
―しょうゆ　大さじ2〜3
わけぎ　4〜5本
大白ごま油　適量
ヌクマム　大さじ2〜3
オイスターソース　少々
粗びき黒こしょう　適宜

① まな板をぬらして水気を拭き、鶏レバーをひとつのせて、厚みを2等分するように切る。残りのレバーも同様に二つに切る。

●厚みを切ることで、レバーの中にある血管が断ち切られる。

② ボウルにレバーを入れて、シンクの蛇口の下に置き、ボウルの内側の縁に流水が当たるようにする。このまま10分ほど流水を当てて、血抜きをし、レバーをきれいに洗う。

●シンクは傾斜しているので、高いほうのボウルの縁に流水を当てる。こうするとボウルの中で水が循環し、レバーの血などで汚れた水が自然に傾斜の低い側の縁から流れ出る。手を使わなくても、レバーをきれいに洗うことができる。

③ レバーの水気をきり、ペーパータオルの上に並べ、上にもペーパータオルをのせて軽くおさえるようにして水気を取る。ボウルににんにく、しょうゆを混ぜて、レバーを入れ、10〜15分おいて下味をつける。

④ わけぎは5cm長さに切る。

⑤ 中華鍋にごま油大さじ3ぐらいをひき、焼きそば用めんを入れる。軽くほぐしたら、以降はあまり触れずに中火でじっくり焼いて、表面をかりかりにする。返して裏面も焼き色がつくまで焼き、油をきって器に取り出す。

⑥ 空いた中華鍋に油を足して、レバーを入れる。焼きつけるような感じで、あまり触らずに、表面に焼き色がつくまで焼く。

⑦ 油の追加が必要なら鍋肌にたらすようにして、わけぎを加え、ヌクマム、オイスターソースを加えて全体に味をからめる。

⑧ めんの上に⑦をのせ、好みでこしょうをふる。

ベトナム・ハノイの
屋台で食べて以来、
うちの定番に。
レバーが苦手な人も
「これだけは好き」って言います。

かにビーフン

扉や壁がなくて、歩道からそのままダイレクトに中に入れる半分屋台のようなところでしたが、おいしいかに春雨を食べさせる店がホーチミンにあったのです(今もあるのかな?)。ビーフンで作ってもいいわね、とひらめいて、ご馳走ビーフンのレシピができました。今みたいに日本で香菜が手に入りにくかった時代、私は細く切ったセロリの葉で代用していました。香菜が苦手だったり、夏場などで香菜のよいものがないとき、セロリの葉を活用するのも手。

材料(4人分)

ビーフン　300g
ずわいがにの脚(冷凍)　300g
にんにくのみじん切り　大2かけ分
しょうがのみじん切り　1かけ分
長ねぎのみじん切り　½本分
セロリの葉　適量
青唐辛子　1本
★辛いのは苦手なら省いても
鶏のスープ(52ページ)　1と½カップ
太白ごま油　適量
ヌクマム　適量
こしょう　適量

① ビーフンはたっぷりの水につけてもどし、水気をきって食べやすくはさみで切る。

② セロリの葉はごく細く切り、冷水に放ち、水気をきる。青唐辛子は種を取ってせん切りにする。

③ 中華鍋にごま油大さじ2をひき、にんにく、しょうが、長ねぎのみじん切りを炒める。香りが立ったらごま油大さじ1を足し、ビーフンを入れて炒める。ビーフンをほぐしながら炒め、ほぐれてきたら鶏のスープを加え、かにも加えて混ぜる。

④ ヌクマム大さじ1を加えてざっと混ぜ、ビーフンにスープを吸わせるようにする。

⑤ ビーフンがふわんとしてきて、下のほうが鍋肌にこびりつくようになったら、へらでこびりつきをかりかりと削り、軽く混ぜて、さらに炒める。鍋肌に油気がなくなったら、油を少し足しながら、ビーフンがはりつかなくなるまで、鍋肌からはがして焼く。

⑥ 味見をしてヌクマムで味をととのえ、こしょうをふり、セロリの葉の半分量と青唐辛子を加えてざっと混ぜる。器に盛るときに、残りのセロリの葉をビーフンの間にはさむように盛りつけたり、仕上げにセロリの葉をのせると見た目もきれい。

昔、ホーチミンで食べた
かに春雨がヒント。
ビーフンとかにを同量で作る
おいしくて箸の止まらないご馳走です。

有元葉子　Yoko Arimoto

料理研究家。素材の持ち味を大切にした、シンプルな家庭料理を提案。まっとうな材料を使って、家で作って食べることは世の中がよくなるための第一歩、という考えを持つ。『有元家のお弁当』『料理のあいうえお』（文化出版局）など著書は１００冊を優に超える。
https://arimotoyoko.com

ブックデザイン　若山嘉代子　L'espace
撮影　木村 拓（東京料理写真）
スタイリング　千葉美枝子
校閲　山脇節子
DTP　佐藤尚美　L'espace
編集　白江亜古
鈴木百合子（文化出版局）
プリンティングディレクター　澤田 將（TOPPANクロレ）

めんの本

２０２４年12月20日　第1刷発行

著　者　有元葉子
発行者　清木孝悦
発行所　学校法人文化学園　文化出版局
〒１５１-８５２４　東京都渋谷区代々木３-22-１
電　話　０３-３２９９-２４７９（編集）
０３-３２９９-２５４０（営業）
印刷所　TOPPANクロレ株式会社
製本所　大口製本印刷株式会社

文化出版局のホームページ　https://books.bunka.ac.jp/